ARTICLES

PUBLIÉS DANS LE PROPAGATEUR DU PAS-DE-CALAIS

SUR LA

CONDUITE

Administrative

DE M. DE TALLEYRAND,

PRÉFET DU DÉPARTEMENT DU PAS-DE-CALAIS.

A ARRAS,

CHEZ GUSTAVE SOUQUET, IMPRIMEUR,

Rue St.-Jean-en-Lestrée, N° 17.

—

1831.

Articles

PUBLIÉS DANS LE PROPAGATEUR DU PAS-DE-CALAIS SUR LA

CONDUITE ADMINISTRATIVE

DE M. DE TALLEYRAND,

PRÉFET DU DÉPARTEMENT DU PAS-DE-CALAIS.

ARRÊTÉ DE M. DE TALLEYRAND PRÉJUDICIABLE AU PUBLIC

Sous l'administration de M. Cahouet, le public était admis tous les jours dans les bureaux de la préfecture. Sous l'administration de M. le baron de Talleyrand, il n'y sera plus reçu que trois fois par semaine, les mercredi, vendredi et samedi, de midi à deux heures.

Ainsi le citoyen qui aura des réclamations à faire devra attendre jusqu'à quatre jours avant de pouvoir les exposer. Ainsi le négociant à qui un ordre subit de départ arrivera le samedi soir ne pourra faire la demande d'un passeport à l'étranger que le mercredi suivant. Ainsi les habitans des différentes villes et communes du département qui ne lisent ni journaux, ni le recueil des actes de la préfecture, pourront faire dix, vingt, trente lieues pour obtenir une audience d'urgence d'un chef de bureau de M. de Talleyrand, et ne seront reçus que le 3e, 4e et peut-être même le 5e jour après leur arrivée.

Cette mesure du successeur de M. Cahouet est l'objet de nombreuses et vives réclamations. Nous avons reçu plusieurs lettres qui nous la dénoncent comme un manque d'égard de la part d'un administrateur payé envers ses administrés payans; et nous avons vu lundi dernier un négociant de Béthune qui se plaignait amèrement de ce qu'ayant fait exprès un voyage à Arras pour objet d'administration, il était obligé d'attendre jusqu'au mercredi pour pouvoir entrer à la préfecture.

Ce n'est pas par de tels actes, en apportant une telle gêne dans les rapports entre l'administration et les citoyens, qu'un préfet peut se rendre populaire et prétendre marcher dans le sens de la révolution de juillet.

(Propagateur du 26 juin.)

DÉCISION INHUMAINE PRISE A L'EGARD DES CANTONNIERS.

Est-ce bien l'intention du ministère de faire haïr le gouvernement sorti de la révolution de juillet? S'il en est ainsi il n'a que des grâces à rendre à M. le baron de Talleyrand : il s'acquitte à merveille de sa mission. Citons un nouveau fait qui le prouvera.

Cent vingt ouvriers cantonniers sont employés annuellement à la réparation des routes du département, et Dieu sait si elles en ont besoin! Ces ouvriers sont à l'année, et leurs places sont des emplois certains sur les salaires desquels ils pouvaient jusqu'ici compter. A l'époque de la moisson l'administration accorde quelques congés à ceux de ces cantonniers qui en font la demande ; cette année, bon gré malgré, ils seront tous congédiés. Le 15 juillet n'aura plus pour eux de travail et ils resteront ainsi sans paie jusqu'au 1er septembre prochain.

Cette mesure, d'importation nouvelle dans le Pas-de-Calais, procurera une économie d'environ 10,000 francs ; mais elle laissera, pendant six semaines, une centaine de pères de famille, sans travail et peut-être sans pain.

Nous le demandons : était-ce bien le moment, lorsque la misère est extrême, lorsque l'ouvrage manque partout aux mains des travailleurs, était-ce bien le moment de prendre la mesure que nous signalons? Aussi il vous faudrait voir, fonctionnaires qui vivez dans la joie et dans l'abondance, combien depuis trois jours il nous arrive à nous qui aimons le pauvre, qui ne cessons de demander des adoucissemens à ses souffrances, combien il nous arrive, disons-nous, de réclamations sur ce bel acte de votre toute puissance ; combien de regrets nous avons encore entendu donner a M. Cahouet, combien de reproches nous avons entendu s'élever contre le successeur que M. C. Perrier lui a si brutalement, si injustement donné.

Quoi! M. le baron de Talleyrand, qui prétend à la popularité dans le Pas-de-Calais, lui, à qui l'état accorde plus de cent francs par jour pour ses plaisirs et pour sa table, donner son approbation à une mesure qui va enlever, pendant un mois et demi, les 25 sous quotidiens que gagne, à la sueur de son front, un malheureux ouvrier cantonnier : ce n'est ni humain, ni juste, ni favorable à cette popularité qu'on prétendait ambitionner.

(Propagateur du 10 juillet.)

BÉTHUNE, 16 juillet. — L'arrêté de M. le préfet du Pas-de-Calais, contre lequel le Propagateur s'est si justement élevé et qui enlève à leurs travaux les cantonniers de nos routes, au moment où les orages qui se succèdent depuis huit jours, rendaient leur présence si nécessaire, est en pleine exécution. Cet arrêté qui prive, non comme le Propagateur l'a dit, 120 pères de famille, mais bien 220 (cantonniers et cantonniers-adjoints) de leur travail et de leur pain, cause une indignation générale. Est-ce donc ainsi que les gros fonctionnaires de l'état se joueront de l'existence du peuple, et au premier mot de leur volonté, le travailleur perdra-t-il son travail et se verra-t-il enlever son pain? M. de Talleyrand est passé aujourd'hui en poste par Béthune ; on dit qu'il part ; Dieu le veuille, il n'emportera pas les regrets des habitans de notre arrondissement.

(Propagateur du 17 juillet.)

Les routes royales, départementales et communales du département sont, presque partout, dans un très mauvais état. Ce n'est pas aujourd'hui, pour la première fois, que le Propagateur fait entendre à cet égard les plaintes des citoyens ; mais il est bon qu'il les renouvelle à l'instant où un nouvel ingénieur en chef des ponts-et-chaussées est donné au Pas-de-Calais ; lorsqu'une mesure, qui fait naître des réclamations générales enlève, tout-à-coup, à nos routes, les deux cent vingt cantonniers qui étaient chargés de travailler à leur réparation ou de veiller à leur entretien.

Nous ne reviendrons pas sur l'acte inique qui enlève à leur travail de malheureux cantonniers ; des réclamations ont été adressées à l'autorité , et nous n'avons pas encore tellement désespéré de son humanité que nous ne pensions qu'elle ne se décide enfin à faire droit aux malheureux qu'elle prive arbitrairement de leur pain.

Nos routes sont mauvaises ; nous désirons qu'elles soient meilleures. La cause de l'état déplorable dans lequel beaucoup d'entre elles se trouvent , vient de l'insouciance, en donnant sur l'entretien et la réparation de ces routes des instructions techniques que l'administration néglige de publier.

(Propagateur du 22 juillet.)

MM. de Talleyrand et Blanvillain , le premier comme préfet, le second comme ingénieur en chef des ponts-et-chaussées avaient rendu un arrêté qui blessait la justice et privait de travail et de pain plus de deux cents ouvriers.

Le *Propagateur* s'éleva contre cet acte et défendit les droits des cantonniers. Nous espérions que le préfet qui se dit humain et qui voudrait être populaire, reviendrait sur la décision qu'il avait prise ; mais vainement depuis trois semaines attendons-nous cette réparation.

Cependant beaucoup de cantonniers continuent à nous écrire. Sans travail, sans moyens d'existence , ils nous peignent leur misère sous les traits les plus déchirans. Ils ont réclamé auprès de l'administration, ils n'ont pas été écoutés. Ils invoquent notre appui ; voyons donc encore une fois, si en démontrant à M. de Talleyrand l'injustice qu'il a commise , nous parviendrons à la lui faire réparer.

Nous n'avons jusqu'ici fait entendre à M. le baron de Talleyrand que la voix de l'humanité qui lui défendait de laisser, pendant six semaines sans ouvrage, deux cents ouvriers qui n'avaient que le salaire de leur journée pour unique moyen d'existence.

Faisons lui entendre maintenant d'autres argumens ; et puisque la prière des malheureux ne va pas jusqu'à l'ame de notre premier administrateur ; faisons-lui connaître la volonté d'une autorité supérieure à la sienne , supérieure à celle de M. Blanvillain , celle contenue dans les instructions d'un directeur-général des ponts-et-chaussées.

« Il est important, disait le conseiller-d'état directeur-général des ponts-et-chaussées, dans une circulaire qu'il adressait aux préfets le 17 juillet 1827, il est important que les cantonniers soient employés PENDANT TOUTE L'ANNÉE et qu'ils aient l'assurance de garder leur place tant qu'ils rempliront leurs devoirs.... Un ouvrier qu'on DÉTOURNE DE SES OCCUPATIONS JOURNALIÈRES et des soins d'entretien qui lui sont confiés, n'est plus responsable des dégradations qui se manifestent ; et à cet inconvénient se joint celui, beaucoup plus grave, d'affaiblir chez lui le désir de bien faire. »

Vous l'entendez, le cantonnier doit être employé pendant toute l'année , le bien du service le veut , pourquoi vous, M. le préfet, ne le voulez-vous pas ?

On a invoqué un usage existant pendant le tems de la moisson ; cet usage qui est de donner pendant cette époque congé aux cantonniers, n'existe pas dans le Pas-de-Calais ; et s'il existait, il faudrait l'abolir, c'est encore le directeur-général qui le dit ; écoutez :

« On doit, autant que faire se pourra, renoncer à l'usage existant dans quelques localités, de permettre aux cantonniers de faire la moisson; il est vrai que
dans cette saison les routes sont généralement dans un état plus satisfaisant,
et exigent rarement un emploi de matériaux : mais c'est aussi l'époque des
orages ; et d'ailleurs, à l'instant où ces ouvriers sont chargés du curage et de
l'entretien des fossés, il est évident qu'ils auront toujours à s'occuper, même
au milieu de l'été. »

Nous pourrions appuyer notre réclamation en faveur des cantonniers de
nombreuses considérations ; mais les passages que nous avons cités de la circulaire de la direction des ponts-et-chaussées suffisent. Nos routes sont mauvaises, les derniers orages en ont rendu quelques parties impraticables ; les
commissaires-voyers se plaignent de l'absence des cantonniers ; ceux-ci de-
mandent qu'on leur continue un travail sur lequel ils avaient droit de compter,
l'arrêté du préfet lèse des malheureux ; il contrevient aux intentions du gouvernement; il est nuisible à l'état de nos routes; il faut donc qu'il soit révoqué
et que de pauvres ouvriers à vingt-cinq sous par jour, privés depuis trois semaines, d'ouvrage, ne restent pas encore, suivant l'intention toute philan-
tropique de MM. de Talleyrand et Blanvillain, ne restent pas encore cinq semaines sans travail et sans pain.   (*Propagateur du 7 août.*)

SILENCE DU PRÉFET SUR LA CÉLÉBRATION
DE L'ANNIVERSAIRE DES FÊTES DE JUILLET.

Dans douze jours Paris, Rouen, Nantes, Orléans, Versailles, Amiens,
Toulouse, toutes nos grandes villes enfin auront des fêtes qui rappelleront
notre régénération politique ; et quand partout les arbres tricolores s'agiteront
au bruit des canonnades patriotiques, la ville d'Arras restera-t-elle dans le
silence, occupée tout au plus à écouter, sous les allées, la musique du 65ᵉ
de ligne ?

L'on se tromperait si l'on croyait pouvoir effacer de notre calendrier politique la fête des trois jours : il n'est pas d'autorité départementale assez forte
pour rayer d'un coup de plume des souvenirs marqués de tant de sang et de
gloire. Qu'on aille dire aux parens de nos concitoyens qui se sont battus pendant la grande semaine, aux hommes qui ont joué leur tête avec le despo-
tisme, que vous mettez en oubli le grand drame qui a assuré leur liberté, et
l'on verra si c'est bien de l'histoire qu'ils ont entendu faire et de cette histoire
qui ne s'oublie pas.

Le silence que garde l'administration départementale du Pas-de-Calais sur
les fêtes qui doivent marquer l'anniversaire de juillet, est inconcevable ; M. le
baron de Talleyrand devrait un peu, dans cette circonstance, se rappeler le
zèle que les autorités déployaient jadis à célébrer les fêtes de la restauration.
Alors, par l'ordre du préfet, la place du dernier hameau était jonché de fleurs;
le maire levait la tête et portait avec orgueil son écharpe bleue bordée d'or ;
les églises respiraient l'encens et retentissaient de prières monarchiques ; on
achetait à haut prix les couplets du poète de l'endroit. et il faisait plaisir aux
fonctionnaires revenus de Gand de voir le peuple repu de distributions bana-
les, se rouler dans les carrefours et faire résonner les airs des cris de vive le
Roi! On faisait tout alors pour les créatures de l'étranger ; et aujourd'hui pour
ceux qui ont reconquis la liberté on resterait les bras croisés; et aucun pro-
gramme n'annonce encore à Arras la célébration de l'illustre anniversaire ;

Dites donc enfin que dans ces trois jours de juillet on fera quelque chose pour le peuple qui meure presque de faim ; pas d'argent employé à d'inutiles feux d'artifices; mais dotez quelques jeunes pauvres filles ; faites deux ou trois mariages heureux; ne rendez pas seulement des arrêtés pour priver de leur travail et de leur pain de malheureux cantonniers.

P. S. Cet article était imprimé, nous faisons arrêter l'impression de notre journal pour annoncer qu'un arrêté de M. le préfet va paraître dans le prochain numéro du *Recueil des Actes de la Préfecture*, qui engage MM. les maires à célébrer l'anniversaire de juillet. Notre bonne foi nous oblige à consigner ici cette note et à ne pas laisser planer plus long-tems sur M. de Talleyrand un reproche d'apathie que sa lenteur méritait.   (*Propagateur du 15 juillet.*)

M. DE TALLEYRAND PASSE LA REVUE DES GARDES NATIONAUX DU DEPARTEMENT. — IL EST MAL ACCUEILLI.

AIRE, 17 *juillet.* — M. de Talleyrand est arrivé aujourd'hui dans nos murs à deux heures de l'après-midi. Il a passé aussitôt la revue de la garde nationale. Sa présence a fait peu d'impression, et excité nul enthousiasme. L'allocution qu'il a adressée à nos concitoyens n'a pas donné une grande idée de ses talens oratoires. Il est tout en espérances ; ainsi il *espère* que la milice citoyenne n'entrera jamais dans aucune association ; il *espère* qu'elle sera toujours aux ordres de l'autorité municipale et qu'elle n'en reconnaîtra pas d'autre. Son voyage paraît être de pur agrément pour lui et surtout pour sa famille dont il s'est fait accompagner. M. de Talleyrand a mis un grand soin à visiter les églises et à entrer dans les plus petits détails sur le service religieux, aussi chacun en parle diversement , mais on s'accorde généralement à *espérer* que le département ne conservera pas long-tems cet administrateur. Quelle différence de lui à son prédécesseur !

BÉTHUNE, 17 *juillet.* — Le préfet est arrivé hier dans notre ville et a passé la revue de la garde nationale. La réunion n'était pas nombreuse. Nos concitoyens ne se sont pas montrés fort empressés à recevoir et à fêter le parent de notre fameux diplomate. A peine la moitié des gardes nationaux a paru sous les armes. L'allocution qui leur a été adressée a produit une bien faible sensation. Elle se borne à peu près à cette phrase renouvelée du minstère Périer : *toute autre association que celle de la garde nationale est nuisible.* Triste habileté que celle qui se borne à reproduire de pareils mots !

(*Propagateur du 20 juillet.*)

BOULOGNE, 22 *juillet.* — M. le baron de Talleyrand, préfet du Pas-de-Calais, est arrivé avant-hier à Boulogne. Hier il a visité les divers établissemens civils, a reçu les autorités et a accepté le dîner d'*usage* qui lui était offert par souscription. Aujourd'hui il a passé en revue notre milice citoyenne, qu'un fort petit nombre de personnes ont accueillie par les cris de *vive le roi ! vive la liberté !* Qu'ils étaient plus unanimes lors de la revue de M. Cahouet !

Mme la princesse de Talleyrand, tante du préfet, assistait à cette revue, à la fenêtre d'une des maisons de la place de St.-Nicolas. Cette princesse habite ordinairement Boulogne pendant la saison des bains.

MONTREUIL, 24 *juillet.* — M. le baron de Talleyrand est arrivé ce matin dans nos murs. Après avoir reçu les autorités civiles et militaires, il devait passer la revue la garde nationale à une heure, mais la pluie qui ne cessait depuis hier, recommença à tomber par torrens et force fut de la remettre. Vers quatre heures la pluie cessa, le tambour rappela les gardes nationaux et la revue eut lieu. Cinq cent hommes devaient y monter leur belle tenue, y déployer leur zèle et leurs talens et 5o hommes environ s'y sont rendus, sur lesquels on comptait beaucoup plus de chefs que de soldats.

Le petit nombre de ses auditeurs n'a pas empêché M. le préfet de vouloir faire un beau discours qui a été entendu de fort peu de monde. M. de Talleyrand *espérait* sans doute que nos concitoyens, sur lesquels il a dit qu'il comptait, se seraient empressés de paraître devant lui en dépit du mauvais tems, que lui, leur magistrat, avait bien su braver.

Sᴛ.-Pᴏʟ, 26 *juillet*. — M. le préfet a passé hier la revue de la garde nationale de notre ville. Il avait annoncé son arrivée pour quatre heures ; dès trois heures et demie la garde nationale était sous les armes. Cinq heures et demie sonnèrent que le premier magistrat du département n'était pas encore arrivé. Les gardes nationaux commençaient à perdre patience lorsque le neveu de notre *grand* diplomate apparut. Il passa dans les rangs de notre milice citoyenne avec la rapidité de l'éclair ; aucune remarque n'a été faite ; nos vieux soldats non plus que nos jeunes hommes de 20 ans, brillant de santé, n'ont été complimentés.

En revanche, M. le préfet n'a pas épargné ses complimens au bataillon en général. « Il était *bien fâché* de l'avoir *dérangé*, mais c'était une satisfaction, » un besoin pour lui. » La devise : *ordre public et liberté*, répétée neuf à dix fois, a complété ce discours qui n'a pas même été terminé par le cri de *vive le roi*! Aussi aucune acclamation ne s'est fait entendre ni des gardes nationaux ni du public assemblés.

Chose remarquable, c'est que sur la Petite Place, lieu où se passait la revue, un catafalque s'élève pour honorer la mémoire des héros de juillet et que le préfet n'a pas dit un mot sur l'anniversaire qui va être célébré.

La tournée que M. le baron de Talleyrand vient de faire dans le Pas-de-Calais a dû lui révéler toute l'impopularité qui s'attache à son nom, et lui apprendre combien sont fortes en France les répugnances qui entourent un fonctionnaire, qu'on sait, avoir fait ses premières armes contre sa patrie.

La marche d'un préfet, à travers les villes de son département, est ordinairement marquée par des cérémonies publiques, par des revues, par des banquets et des fêtes. M. Cahouet fut, il y a six mois, comblé de ces témoignages de l'affection et de la confiance des citoyens. Moins heureux, son successeur n'a obtenu qu'indifférence et froideur de la part des populations.

Les revues que M. de Talleyrand a passées n'ont offert que des débris de bataillon. Les villes n'ont montré aucune sollicitude pour leur nouveau préfet ; Ardres seul, jugeant, suivant les expressions du *Mémorial Artésien*, d'une toute autre manière que les autres cités du département, a montré quelque joie de sa venue.

M. de Talleyrand a visité quelques établissemens publics ; mais sans y laisser de trace de sa philanthropie. Il s'est détourné de sa route pour voir l'hospice de St.-Venant, où de dures paroles ont montré la sympathie qu'il porte aux patriotes. Il a dit à Calais, qu'il venait pour connaître les besoins et les ressources de ses administrés ; mais comme le fait observer *l'Indicateur*, ce n'est pas en employant un voyage fait au pas de course, en visite d'étiquette, qu'on peut reconnaître quelles sont les améliorations que réclame un département. Une coïncidence bien fâcheuse pour les ports de Boulogne et Calais, c'est, suivant *l'Indicateur*, que la mer est un élément nouveau tout à-la-fois pour M. de Talleyrand, notre préfet, et M. Blanvillain, ingénieur en chef des ponts-et chaussées ; l'inexpérience de l'un ne pourra trouver de secours dans l'expérience de l'autre, et la partie qui réclame la sollicitude la plus continue se trouve privée en même tems des lumières des deux administrateurs supérieurs du département.

M. de Talleyrand a fait plusieurs allocutions aux gardes nationales du département. Ces discours indiquent plus l'homme attaché aux doctrines de la restauration, que le fonctionnaire ami des principes qui ont triomphé en juillet. A Béthune et à Aire le préfet a rompu une lance contre les associations ; à St. Omer il a attaqué la liberté de la presse ; à Boulogne il aura peut-être fait l'éloge de l'armée anglaise, à la suite de laquelle il est revenu de Gand.

Nous connaissons des magistrats, des fonctionnaires publics, des officiers de la garde nationale qui se sont abstenus d'aller rendre visite au préfet. Une garde à cheval, invitée à lui servir d'escorte, a refusé ; et nos cantonniers licenciés n'ont pas salué sur les routes le passage de l'administrateur qui leur a enlevé leur travail et leur pain.

Se tromper sur le compte de M. le baron de Talleyrand est maintenant impossible. C'est un homme de l'ancien régime, administrateur inhabile, c'est un fonctionnaire de la restauration entaché d'impopularité ; c'est un courtisan que la révolution de juillet avait destitué, que M. Casimir Perrier a remis en place pour envoyer à la chambre des soutiens à l'hérédité de la pairie : c'est un personnage en qui les patriotes n'ont pas confiance, et sur lequel, (M. de Talleyrand le sait) les carlistes croient pouvoir compter. Ce n'est pas un tel homme qu'il faut au Pas-de-Calais.　　　　　*(Propagateur du 27 juillet.)*

M. DE TALLEYRAND DONNE DES PLACES AUX CARLISTES.

Il semble que tous les actes du nouvel administrateur qui a été imposé à notre département par la volonté de notre ambassadeur à Londres, et par la grâce de M. Casimir Perrier, tendent à détruire le bien que son prédécesseur était parvenu à faire dans nos contrées. On se rappelle que M. Hibon, percepteur de Corbehem et Brebières fut destitué par M. Cahouet, malgré les instances de quelques-uns de nos députés, qui demandèrent sa grâce à grands cris. Cette destitution avait été fondée sur l'attachement bien connu de ce fonctionnaire à la dynastie d'Holyrood, et sur la conduite politique qu'il avait tenue antérieurement à la chûte du roi-parjure. Tout le monde avait applaudi à cet acte de justice. Qu'arrive-t-il aujourd'hui : la perception d'Haines, arrondissement de Béthune, devient vacante ? de hautes influences carlistes se font sentir : elles produisent leur effet sur M. Talleyrand, qui présente M. Hibon pour remplir l'emploi vacant : nous le demandons aux gens de bonne foi, n'est-ce pas se moquer de la révolution, n'est-ce pas se moquer de ceux qui l'ont faite ? n'a-t-on pas laissé en place un assez grand nombre de carlistes ? faut-il donc rendre de l'emploi à ceux qui, dans les premiers momens d'effervescence populaire, on a été obligé de destituer pour satisfaire l'opinion publique ? avec un pareil système, on finira bientôt par leur demander pardon du préjudice qu'on a pu leur causer, en les privant pendant quelques mois de leurs appointemens : peut-être leur accordera-t-on des dommages et intérêts : il ne peut en être ainsi ; et nous signalons avec confiance la conduite de M. de Talleyrand à l'égard de M. Hibon, parce que nous espérons que notre voix sera entendue en haut lieu, et qu'on rougira d'accomplir un projet honteux et condamnable.　　　　　*(Propagateur du 12 août.)*

Un seul mot suffira pour réduire à sa juste valeur la réponse que nous fait M. le préfet, relativement à M. Hibon, ancien percepteur destitué pour fait d'absolutisme. Si l'administration n'avait pas eu l'intention de replacer ce fonctionnaire, pourquoi l'appelait-elle alors à la gérance provisoire de la perception d'Haine, perception devenue vacante par la mort du titulaire? Nous sommes certains que des démarches en faveur de M. Hibon ont été faites auprès de M. le baron de Talleyrand, et qui connaît les antécédens de notre préfet, et qui la vu accueillir M. Hibon, dans son cabinet particulier pouvait craindre qu'un fonctionnaire de Polignac ne fût pas protégé par lui. Nous sommes du reste heureux d'avoir par notre article forcé le préfet à dire quel était son candidat; et plus heureux encore de savoir que c'est M. Lepenne, canonnier blessé à Aire, qui est présenté pour occuper la perception d'Haine.

(Propagateur du 14 août.)

VIOLATION DE LA LOI ÉLECTORALE.

L'article 19 de la loi électorale du 19 avril 1831 veut que les listes de chaque arrondissement électoral rectifiées par le préfet, soit affichées le 15 août au chef-lieu de chaque canton et dans les communes dont la population est au moins de six cents habitans; que ces listes soient déposées , 1° au secrétariat de la mairie de chacune de ces communes; 2° au secretariat de la préfecture, pour être données en communication à toutes les personnes qui le requerront.

Voilà un texte positif; une obligation formelle imposée aux préfets par les trois pouvoirs de publier LE 15 AOUT de chaque année les listes électorales rectifiées du département qu'ils administrent.

Le 15 août est arrivé; aujourd'hui est le 17; M. le baron de Talleyrand est préfet du Pas-de-Calais; et l'article cité de la loi du 19 avril 1831 n'est pas rempli; et il ne paraît pas qu'on se mette en peine de le remplir de si tôt.

Né au bon tems du pouvoir absolu, M. de Talleyrand prétend-il mettre l'arbitraire en place de la loi, et donner à sa volonté ou à la circulaire d'un ministre la supériorité sur un acte souverain discuté, adopté par les deux chambres et sanctionné par le roi.

Avant d'accepter des fonctions administratives, M. de Talleyrand aurait dû apprendre qu'une loi ne peut être abrogée que par une autre loi, et que les citoyens tiennent comme incapables, prévaricateurs, indignes de leurs fonctions les administrateurs qui mettent leur autorité éphémère, leur décision d'un jour au-dessus de la volonté écrite, souveraine des trois grands pouvoirs de l'état. M. de Talleyrand aurait dû savoir aussi qu'un préfet, payé pour faire exécuter les lois, ne doit, sans aucun prétexte, donner lui-même l'exemple de leur violation.

M. de Talleyrand n'ayant pas affiché le 15 août les listes électorales du Pas-de-Calais, a violé ouvertement l'article 19 de la loi du 19 avril 1831; et ce qu'on ne pourrait croire, si l'on ne connaissait la petitesse d'esprit de certains administrateurs, c'est que, si les listes électorales de notre département ne sont pas encore aujourd'hui entièrement imprimées, si elles ne le seront peut être pas avant huit jours, la faute en est à notre préfet qui , pour satisfaire une petite vengeance contre M. Souquet, imprimeur du Propagateur, a défendu qu'il eût comme jadis, comme il l'avait même sous M. Blin de Bourbon, une portion du travail de la préfecture, relatif aux élections. Qu'il est beau, qu'il est glorieux, qu'il est digne d'un préfet d'assouvir ainsi ses petites passions aux dépens du service public, des intérêts du pays !!!

(Propagateur du 17 août.)

MONTREUIL, 16 août. — Aujourd'hui, à deux heures de l'après-midi, l'ordonnance qui convoque pour le 1er septembre prochain le collége électoral de notre arrondissement, n'était pas encore publiée dans notre ville; ce qui constitue une violation à l'article 70 de la loi du 19 avril 1831, qui veut qu'il y ait au moins quinze jours entre la publication de l'ordonnance et l'élection. Nous savons que le sous-préfet de Montreuil n'avait encore reçu aucun placard dans la matinée d'aujourd'hui : c'est donc à M. de Talleyrand qu'il faudra encore attribuer cette nouvelle violation de la loi électorale.

Nous nous attendions à la réponse que nous fait M. le baron de Talleyrand, à propos de l'accusation que nous portions contre lui d'avoir violé la loi ; car nous connaissions la circulaire ministérielle qu'il invoque pour sa justification; nous y faisions même allusion dans notre article.

La réponse de M. le préfet ne l'absoudra aux yeux de personne. Elle n'eût été *convaincante* qu'à Naples, au tems où M. de Talleyrand y servait, au tems où la reine Caroline, le favori Acton et la vile maîtresse de Nelson, noyaient dans le sang des patriotes cette malheureuse cité, et y faisaient proclamer, par le bourreau, le pouvoir absolu des rois.

Pour nous, nous répéterons ce que nous disions dans notre dernier article; ce que tous les livres de droit enseignent ; ce que le tribunal d'Arras faisait même reconnaître sous Charles X, en repoussant une circulaire du ministère Bourdeau : QU'UNE LOI NE PEUT ÊTRE ABROGÉE QUE PAR UNE AUTRE LOI. Ainsi la loi du 19 avril 1831 ordonne aux préfets de faire afficher les listes électorales le 15 août de chaque année; aucune disposition législative n'étant venu détruire cette obligation, un préfet est coupable qui n'a pas fait afficher ces listes à l'époque voulue; il n'est pas digne de la confiance publique s'il a fait passer, comme dans l'espèce, la volonté arbitraire d'un ministre au-dessus de l'autorité souveraine de la loi.

Il y a violation manifeste de l'article 19 de la loi du 19 avril 1831 dans le fait de M. de Talleyrand. M. de Talleyrand le sait, car la circulaire qu'il invoque pour sa défense disait ce que M. de Talleyrand n'ajoute pas : que le ministre demanderait aux chambres un sursis pour la publication des listes ; sursis qui n'a pas encore été demandé et que M. de Talleyrand a pourtant pris.

Il y a violation volontaire, incontestable dans l'action du préfet du Pas-de-Calais. Il y a en outre allégations mensongères dans sa défense.

Il n'est pas vrai que sans le secours de M. Souquet les imprimeurs d'Arras eussent pu terminer l'impression des listes électorales du département pour le 15 août. M. de Talleyrand le savait, on le lui avait dit, et il n'osera nier qu'au moment où j'écris, trois imprimeurs, sur les quatre qu'il emploie, n'ont pas encore terminé le travail électoral dont ils sont chargés. Mais notre premier administrateur avait à assouvir une petite vengeance contre M. Souquet qui avait eu l'audace de ne point, à sa demande, retirer ses presses au *Propagateur*, et il sacrifia le bien du service, viola la loi, heureux de pouvoir à ce prix montrer jusqu'où pouvait aller sa rancuneuse colère.

Un cultivateur qui plante son champ de tabac, en contravention à la loi sur le monopole, est envoyé en prison, et ruiné par de fortes amendes. Que fera-t-on à un préfet, qui chèrement payé pour faire respecter la loi, donne l'exemple de leur violation ? L'impunité serait ici trop criante. Il ne s'agirait donc que d'être puissant, dirait le peuple, pour violer les lois impunément ; pour être haineux et injuste avec succès. Cette immoralité sociale n'aura pas lieu ; elle serait d'un trop dangereux exemple. Avant d'excuser un préfet coupable aux yeux de tout un département, impopulaire par tout le département, le gouvernement y regardera sans doute à deux fois.

(*Propagateur du 19 août.*)

EXCLUSION DU COMMERCE ET DE LA BOURGEOISIE DES BALS DE M. DE TALLEYRAND: LES CARLISTES SEULS Y SONT ADMIS.

Mardi 9 août 1831 était le jour anniversaire de l'avénement de Louis-Philippe et il appartenait au premier administrateur du département de prouver son attachement à la dynastie nouvelle. M. de Talleyrand a donné un dîner de 40 couverts, puis un bal, et il faut le dire, tout s'est passé comme sous la restauration. Trois toasts seulement ont été portés dans les termes suivans: par le préfet *au roi*; par Mme son épouse *à la reine* et par le général à *l'armée*.

M. de Talleyrand qui dans ses velléités populaires vint naguère se mêler à nos réunions, à nos danses bourgeoises, a jugé qu'il avait pu, *sans déroger*, pour deux fois seulement et sans *tirer à conséquence pour l'avenir*, figurer dans des groupes plébéiens, mais qu'il était tems de revenir à des sentimens plus nobles, plus élevés.

Messieurs Siméon, Blin de Bourbon et Cahouet avait pensé qu'un préfet, qui donne un bal, devait le composer des notabilités du chef-lieu. La robe, l'industrie et le commerce recevaient leurs invitations, d'après des listes immovibles que les changemens politiques n'entamèrent pas, qu'une longue série de préfets laissa intactes. Il est peu de préfets réformateurs qui osent frapper l'abus en dépit de l'usage et couper le mal à sa racine. M. de Talleyrand l'a osé. Son principe est qu'on peut inviter chez soi qui l'on veut et si peu que l'on veut. Raisonnement parfait. Un rentier ne dirait pas autrement. Les listes, elles ne sont qu'un memento pour tout préfet qui juge à propos de les consulter.

Qu'est-il arrivé? M. de Talleyrand a repoussé et les listes et les hommes: magistrats, avocats, notaires, industriels, commerçans, corps d'officiers de la garde nationale, les notabilités enfin, n'ont reçu aucune invitation. Il paraît même qu'aucune invitation n'a été faite par écrit, afin de fêter un roi populaire sans cérémonie et avec une grande simplicité. M. le préfet a choisi les élus qu'un avertissement verbal a réunis. Sur une population de 23,000 ames, *nombre des notables* invités par M. le préfet: (y compris les chefs de bureau et les fonctionnaires publics de la préfecture.)

Hommes. 50
Dames. 25

Total. 75

Il ne faut pas s'étonner si le nombre est si petit. On a raisonné comme en matière électorale. Les listes ne contiennent que des éligibles; or des éligibles ne sont pas des élus. Comme on le voit, il y a du raisonnement et même du calcul.

Tout est d'ailleurs pour le mieux dans cette manière d'agir, car l'économie est une vertu qu'un préfet ne peut trop pratiquer. Le peuple paie 12 ou 15,000 francs par an à un préfet, pour frais de représentation; si ce dernier peut en économiser moitié, rien de mieux. La représentation n'est que futilité.

Si M. de Talleyrand n'a pas de politesse, il a du tact. Il a senti que la bourgeoisie, le barreau, l'industrie, le commerce aimaient trop M. Cahouet pour fraterniser avec un préfet que l'injustice a imposé à notre département. Les affections des Artésiens sont durables, leur patriotisme est ferme, ils blâmeront un préfet qui les exclut des bals qu'il leur doit; invités, ils resteront chez eux. Dans l'état actuel des choses un préfet populaire seul peut espérer de voir les citoyens se réunir dans ses salons.

Un notable, officier de la garde nationale.

— Accusé par un officier de la garde nationale, habitant notable de notre ville, d'exclure de ses bals la magistrature, le barreau, la bourgeoisie et le haut commerce, M. de Talleyrand prend pour avocat un garde à cheval, et nous fait répondre qu'il est libre de choisir le nombre et la qualité de ses amis. Oui M. le préfet, le garde à cheval, votre défenseur, qui n'a jamais été aux bals d'aucun préfet, a raison ; vous pouvez choisir à votre gré vos amis et employer vos revenus à les bien festoyer. Liberté entière en ceci. Mais la liberté n'est plus entière quand c'est l'argent de vos administrés que vous dépensez. Vous recevez douze à quinze mille francs de représentation : représentez donc, car si vous ne le faites on vous imputera le honteux défaut d'avarice, et si vous le faites à la manière de vos deux derniers bals ; si vous ne vous entourez que de l'aristocratie et de ses hauts fonctionnaires, vous obtiendrez de plus en plus cette lourde impopularité qui va finir par vous écraser.

(P. opagateur du 14 août.)

INHUMANITÉ DE M. DE TALLEYRAND.

CALAIS, 24 *août.* — Depuis neuf ans la ville de Calais possédait un mont-de-piété. Cette épreuve d'un tems assez long en montrait évidemment l'utilité et le bénéfice : M. de Talleyrand, par une décision du 12 août, vient d'en ordonner la fermeture, parce que cet établissement, ouvert illégalement, n'a point satisfait depuis l'époque de sa fondation aux dispositions de la loi. L'*Indicateur de Calais*, tout en reconnaissant le droit du préfet, s'élève contre cette brusque fermeture. En effet, dans le malaise qu'éprouvent les classes pauvre et ouvrière, à l'entrée de l'hiver, n'eût-il pas été plus convenable de fixer un tems où le mont-de-piété aurait été fermé s'il n'était point légitimé par la loi, et d'adjoindre jusque là aux propriétaires une commission spéciale pour le régir, afin de laisser à l'hospice et au conseil municipal la latitude d'examiner un sujet aussi grave et si digne de fixer leur attention ?

(*Propagateur du 24 août.*)

M. DE TALLEYRAND ACCUSÉ D'INTRIGUES AVEC LES CARLISTES.

Ce n'est pas seulement à Marseille et dans le Midi que les carlistes ourdissent et sèment leurs intrigues, fomentent ou préparent des troubles, machinent et font éclater leurs conspirations.

Nous savons que M. le préfet a eu des renseignemens sur les menées des carlistes dans le Pas-de-Calais. L'intérêt public exige que nous lui adressions des questions auxquelles il devra répondre.

Nous lui demanderons :

S'il n'a pas, il y a environ un mois, été informé que les carlistes du Pas-de-Calais, correspondaient entre eux, sous des noms supposés, faisant adresser leurs lettres aux bureaux restans des postes.

S'il n'a pas eu connaissance d'une de ces missives carlistes ; si elle ne portait pas pour signature, trois lettres de l'alphabet.

Si cette lettre ne prouve pas qu'il existe une ligue ou association secrète parmi les gens du parti absolutiste ; si elle ne prouve pas que cette société illégale a ses ramifications dans tout le département, et un centre à Paris. —

Si dans cette lettre on ne met pas la grande espérance dans le succès de la cause des légitimistes.

Si on ne s'y réjouit pas d'avoir désuni les patriotes, par la crainte de la république, qu'on a à dessein, et d'après un plan adroitement conçu, répandu parmi eux.

Si on ne s'y réjouit pas de voir le département donner tête baissée dans le juste-milieu.

Si on n'y dit pas que le parti carliste se grossit tous les jours; que beaucoup de gens timides abandonnent les constitutionnels ; qu'on peut compter sur le Pas-de-Calais ; si on n'y dit pas que M..... (nous taisons aujourd'hui le nom) homme public, dirige le Pays-Bas et qu'on peut compter sur lui (le Pays-Bas est composé d'une partie des cantons de Béthune et de Cambrin et du canton de Laventie); si on n'ajoute pas encore qu'on pense pouvoir compter aussi sur le préfet, M. de Talleyrand.

Si l'on n'y dit pas que le moment venu, on mettrait toutes les batteries en campagne.

Enfin, si cette lettre ne se termine pas par cette phrase caractéristique « comptez sur notre zèle, comme nous comptons sur la reconnaissance du parti » que nous servons. Que ma lettre ait le sort de la vôtre: brûléc. »

Nous demandons maintenant ce qu'a fait M. de Talleyrand pour découvrir les auteurs de cette correspondance carliste ; pour déjouer leurs trames coupables ; pour éclairer ses administrés sur les embûches que leur tendent les ennemis de notre révolution ; pour dissiper enfin ces craintes d'une république si machiavéliquement exploitées par les absolutistes et qui portent la défection et la discorde dans les rangs des amis de l'ordre et de la liberté.

M. de Talleyrand est nommé dans cette lettre ; le parti carliste pense pouvoir compter sur lui. Nous n'avons que trop de précédens accusateurs contre ce fonctionnaire ; il faut que le pays sache à quoi s'en tenir sur la confiance que les partisans de la dynastie proscrite mettent en lui.

(Propagateur du 26 août.)

— Il y a cinq jours nous avons adressé à M. le baron de Talleyrand une série de questions auxquelles, comme administrateur, il devait une réponse. Il ne l'a point faite, il ne le fera sans doute pas, peut-être même lui convient-il de ne pas la faire. Ainsi, un préfet laissera planer sur lui une accusation grave ; il confirmera des soupçons auxquels nous osions à peine nous arrêter.

Confirmant donc tout ce que nous avons dit, nous déclarons sur l'honneur, VRAIE l'existence de correspondances carlistes dans le Pas-de-Calais ; VRAIE la connaissance qu'en a eu le baron de Talleyrand ; VRAIE la confiance que les absolutistes ont en lui ; et JUSTIFIÉ par le silence de M. de Talleyrand, le reproche que nous lui adressons de n'avoir rien fait pour prémunir les pays des trames des partisans de la dynastie déchue.

Nous avons en main les preuves de tout ce que nous avançons. Nous savons les bureaux de postes par lesquels se fait la correspondance carliste ; nous pourrions donner copie entière de la lettre qui divulgue le complot et dont le préfet a été saisi. Nous voudrions ne pas avoir à accuser ; mais alors qu'on s'explique. Nous avions lieu de craindre qu'on prouve que nous nous trompons.

(Propagateur du 31 août.)

— L'opinion publique soupçonnant le baron de Talleyrand d'intelligence avec les carlistes, et le Propagateur, reproduisant ces soupçons, avait signalé des faits que M. de Talleyraud n'a point déniés. A ces faits accablans, nous ajouterions d'autres faits; aux questions accusatrices auxquelles nous avons déjà sommé M. de Talleyrand de répondre, nous ajouterons de nouvelles questions; et si après cela on continue à se taire, le public comprendra et dira avec nous ce qu'un tel silence signifie.

« N'est-il pas vrai, M. de Talleyrand, que l'homme de confiance de M. Blin de Bourdon, ancien préfet du Pas-de-Calais, est arrivé samedi 27 août à Arras incognito? »

« N'est-il pas vrai que, pendant le court séjour de quelques heures, que cet affidé de l'ex-fonctionnaire de Charles X a fait dans notre ville, il n'ait vu qu'une personne, et que cette personne ait été vous? »

« N'est-il pas vrai que cet agent de l'ex-député du côté droit; qui, après la révolution de juillet, a fait retentir la tribune des éloges de Charles X, qui a donné des regrets à la dynastie déchue, qui a fait publiquement parade de sa fidélité au roi-parjure; n'est-il pas vrai que cet agent vous a entretenu seul, pendant une heure, dans votre cabinet particulier, à l'hôtel de la préfecture; qu'il vous a remis une lettre confidentielle; qu'il vous a parlé en secret, que vous l'avez reçu avec mystère? »

« N'est-il pas vrai que M. Blin de Bourdon que la voix publique désigne comme un des chefs du parti carliste, avait fait faire dans cette seule journée, quarante lieues en poste à son domestique; que celui-ci était arrivé par la route d'Amiens, et qu'il se rendait à Béthune ou à Doullens et de là en Belgique. »

« N'avez-vous pas reçu, vous, M. de Talleyrand, vous, préfet de Louis-Philippe, les confidences de M. Blin de Bourdon, ex-préfet de Charles X, partisan de Charles X, apôtre de la légitimité? »

« Ne correspondez-vous pas avec lui? — Ne savez-vous pas les trames des carlistes? — Qu'avez-vous fait, que faites-vous pour les déjouer? »

Voilà des questions nouvelles ajoutées à celles que nous avons déjà faites et auxquelles vous n'avez pas répondu. Comme les premières celles-ci sont précises, circonstanciées, accablantes. Y répondrez-vous; saurons-nous enfin à qui le département est livré? *(Propagateur du 6 septembre.)*

— Tout ce qui se passe aujourd'hui entre nous et le baron de Talleyrand, nous le prévîmes dès le premier moment que nous sûmes quel était le successeur que l'on donnait à M. Cahouet. De fâcheux précédens avaient escorté le nouveau préfet à Arras. Ces souvenirs du passé, les craintes pour l'avenir, excitèrent les défiances publiques et rendirent nécessaire la surveillance de la presse, qu'un dicton populaire appelle la gardienne de nos droits.

Le *Propagateur* ne cacha pas à M. de Talleyrand son impopularité. Hostile à la France, qu'il combattit dix ans dans les rangs napolitains; émigré de Coblentz et de Gand; rentré dans notre patrie, qu'il avait reniée, à la suite des armées ennemies; membre de la chambre introuvable et collègue de ceux qui votèrent l'emprisonnement, la proscription, la mort de milliers de Français; préfet des Vaublanc, des Villèle, des Polignac; n'ayant obtenu places, croix, honneurs, dignités, qu'à l'étranger et sous la restauration, nous soupçonnions les principes politiques de M. le baron de Talleyrand, et si, comme son frère, le pair de France, il n'avait pas refusé de prêter serment de fidélité à Louis-Philippe, nous savions que préfet à Valence, il avait voulu, dans les premiers jours d'août 1830, arrêter l'élan national; que, destitué alors, remis en place par Casimir Perrier, on avait de fortes raisons pour douter de son attachement au gouvernement fondé en juillet.

Au lieu de donner par ses actes un démenti à ces soupçons, la conduite, les actes de M. de Talleyrand les accréditèrent. Il se montra l'ennemi de la liberté de la presse, attenta, dans la personne de M. Souquet, à la liberté de l'industrie; viola les clauses d'une adjudication; défit, en partie, ce que son prédécesseur avait fait et donna son patronnage aux hommes de l'ancienne administration; son hôtel redevint le séjour des fonctionnaires et de certains carlistes; la bourgeoisie que M. Cabouet y recevait en fut exclue; pour faire aimer le gouvernement, il enleva sans nécessité, sans raison, contrairement aux instructions supérieures, le travail et le pain à plus de deux cents cantonniers; il viola la loi sur la formation des listes électorales; ne montra, en aucune circonstance, de sympathie pour la liberté; et constitua le département, sous son administration, le théâtre des trames carlistes, qu'il ne sut pas prévenir, qu'il ne fit rien pour déjouer, et qui conduisirent en moins de six mois plus de trente individus devant les tribunaux.

Une correspondance carliste existait dans le département; on y dévoilait le plan adopté par les absolutistes pour vaincre notre révolution; on y parlait de M. de Talleyrand comme d'un homme qui avait été utile au parti, et sur lequel on pensait pouvoir compter. M. de Talleyrand fut informé de toutes ces machinations. Que fit-il pour en découvrir les auteurs? Rien. — Pour arrêter leurs projets? Rien. — Pour dissiper le soupçon de connivence qui pouvoit planer sur lui? Rien. — Pas d'instructions aux directeurs des postes, aux bureaux desquels on pouvait déposer les lettres suspectes. — Pas d'ordre aux gendarmes pour connaître ceux qui les écrivaient. La faction se flatte d'avoir pour soutien le préfet du Pas-de-Calais, et celui-ci ne fait rien pour repousser une telle injure; ce n'est que plus tard que, de nouveau pressé par le *Propagateur*, il élude par une plaisanterie, les questions pressantes qui lui sont de nouveau adressées, et qu'il rejette sur les patriotes, cette correspondance qu'il sait bien ne venir que des absolutistes, des faiseurs de contre-révolution; cette correspondance qui, depuis plusieurs mois, se continue dans différentes localités.

Accusé d'avoir reçu un agent de M. Blin de Bourdon, partisan avoué de la dynastie déchue, M. le baron de Talleyrand répond par une dénégation. Et pourtant il est forcé de convenir que l'homme de confiance de l'ancien préfet de Charles X, dans le Pas-de-Calais, est, comme l'a dit le *Propagateur*, venu à Arras, qu'il est allé à la préfecture, mais pour y voir des anciens amis et non pour remettre une lettre à M. le baron de Talleyrand. Et pourtant cette lettre on l'a vue, on l'a touchée, on pourrait en dire la grandeur et la forme. — Et pourtant l'agent de M. Blin de Bourdon a bien dit qu'il était envoyé auprès de M. de Talleyrand, et il a bien dit qu'il faisait de fréquens voyages. — S'il n'était venu comme vous le prétendez, que pour la fête d'Arras, pourquoi arrivé le samedi est-il reparti sitôt, le lundi soir? N'allait-il pas rejoindre son maître qui l'attendait à Doullens? — Ce maître, ne lui avez-vous jamais écrit, M. de Talleyrand? pouvez-vous l'affirmer? on a des renseignemens qui disent le contraire.

Dans la situation où se trouve la France on a besoin de fonctionnaires sûrs, dévoués à la révolution de juillet, que l'ombre même du soupçon ne puisse atteindre. Vous n'êtes pas un de ces hommes, M. de Talleyrand. Vos précédens vous accusent de carlisme; et votre conduite actuelle dénote ou votre inhabilité, ou votre indulgence pour les absolutistes, ou, ce que nous ne voulons pas encore croire, votre accord avec nos ennemis pour renverser les principes proclamés par notre révolution. Un homme tel que vous, M. de Talleyrand, ne peut rester à la tête du Pas-de-Calais; vous n'y avez pas la confiance des patriotes, car depuis que vous y êtes, le carlisme relève la tête.

Vous êtes impopulaire et l'on ne gouverne plus aujourd'hui sans popularité. Aux revues que vous passez, la moitié des gardes nationaux manquent à leurs compagnies; à la promenade, vous n'êtes suivi que de quelques anciens fonctionnaires de Charles X que la révolution a graciés; au spectacle vous êtes seul dans votre loge, et le parterre saisit toutes les allusions de la scène pour vous les envoyer avec ironie. A cause de vous la galanterie française est oubliée par des Français; un bouquet de fleurs tombe un jour de votre loge, et personne parmi les spectateurs ne le ramasse; un agent de police est le galant qui vient le prendre et vous le rapporte. Une autre fois, un bouquet reste sur le bord de votre loge, quelques jeunes gens le font tomber, il est partagé par eux et foulé à leurs pieds. Ces manifestations de l'opinion publique sont affligeantes, nous les déplorons; mais elles existent et nous vous les disons. Si nous sommes des calomniateurs, traduisez-nous devant la cour d'assises; mais si la vérité est, comme nous l'affirmons, sortie de notre plume, quittez notre département, car, pour le bien du prince qui nous gouverne, vous ne devez plus l'administrer; une intrigue vous y a apporté, qu'un acte de justice y ramène M. Cahouet. *(Propagateur du 11 septembre.)*

NÉGLIGENCE DU PRÉFET SUR LA REMISE DES PORTS-D'ARMES.

BÉTHUNE, 10 *septembre*. — C'était aujourd'hui l'ouverture de la chasse, et les permis de port d'armes envoyés à la signature du préfet du 28 au 30 août, n'étaient pas encore ce matin arrivés. Beaucoup de chasseurs attendaient au bureau de la sous-préfecture et murmuraient hautement contre l'inexactitude de l'administration départementale. Pour qui est chasseur il sera facile de se faire une idée de l'amertume, des regrets des demandeurs de permis : c'est une fête que l'ouverture de la chasse et ils ne la célébreront pas.

(Propagateur du 11 septembre.)

BOULOGNE, 8 *septembre*. — Les bureaux de *la préfecture* reprennent les allures de négligence qui leur étaient si vivement reprochées sous M. Blin de Bourdon, que M. Cahouet avait fait disparaître, et que M. de Talleyrand tolère de nouveau au grand détriment de ses administrés. Plus de 300 permis de port-d'armes demandés depuis long-tems, sont en retard : l'on ne s'explique pas cette lenteur, puisque l'ouverture de la chasse était fixée au 1er septembre, et que les dérangemens subits et imprévus de l'atmosphère font seuls fait remettre au 10.

(Annotateur Boulonnais.)

CALAIS, 11 *septembre*. — Hier a eu lieu l'ouverture de la chasse dans le département; mais il paraît qu'on n'a distribué jusqu'à présent qu'un très petit nombre de ports-d'armes. Plus de 200 chasseurs de Calais et des environs, qui se sont mis en mesure auprès du préfet depuis plus de trois semaines, n'ont pas encore reçu leur permis. On ignore la cause de ce retard sans exemple; mais, pour en paralyser autant que possible les fâcheux effets, messieurs les maires de Boulogne et de Calais ont pris sur eux de délivrer à tous ceux qui les leur ont demandés des certificats constatant qu'ils avaient rempli toutes les formalités imposées par la loi, et que s'ils n'étaient pas munis de ports-d'armes, la faute en était toute entière à M. le baron de Talleyrand.

(L'Indicateur de Calais.)

St.-OMER, 10 *septembre*. — Nous avons encore à signaler un chef-d'œuvre d'attention et de bienveillance de la part de la préfecture envers les contribuables; l'ouverture de la chasse a lieu aujourd'hui, et de soixante six ports-d'armes qui ont été demandés par nos concitoyens le 20 août, treize seulement sont revenus d'Arras. Si on adopte le même soin dans les autres parties de l'administation, nous pourrons féliciter la préfecture des mesures qu'elle prend pour alléger les charges déjà si pesantes de la centralisation.

(*Mémorial Artésien.*)

27 septembre. — Il est à remarquer, disait jeudi dernier le *Courrier du Pas-de-Calais*, qu'à jour fixe et à un signal donné, plusieurs confrères journalistes ont constaté un abus dans l'administration départementale au sujet de la remise des ports-d'armes de chasse, et de cet accord simultané sur un *seul* point, l'auteur de l'article paraît induire qu'il y a un complot formé pour faire une guerre d'opposition à l'administration. Mais comment l'écrivain n'a-t-il pas vu que cette simultanéité découle du grief lui-même, et que la chasse s'ouvrant dans tout le département à la même époque, il est tout naturel que les plaintes sur le retard apporté à la remise des ports-d'armes se soient exhalées en même tems; il résulte cependant de l'article du *Courrier* un fait que nous ignorions, c'est que ce retard a eu lieu dans les divers chefs-lieux d'arrondissement, et que dès lors il est difficile de croire qu'il vient d'un peu plus bas comme l'affirme ce journal: car, dans ce cas, les bureaux inférieurs se seraient accordés pour mécontenter les citoyens ou pour faire retomber le blâme sur M. le préfet ou sur ses bureaux.

Il nous importe peu que l'administration ait ou non mille affaires différentes à traiter, sur lesquelles il y a toujours une multitude de faits à blâmer ou à reprendre, c'est son métier avec toutes ses conséquences; mais quand les citoyens se plaignent en foule, ce n'est plus de l'opposition, c'est prévenir l'administration qu'elle a négligé ses devoirs, c'est lui dire qu'elle doit être plus expéditive en d'autres circonstances, et certes on ne se plaindra jamais de trop de célérité dans l'expédition des affaires.

(*Mémorial Artésien.*)

Sᴛ.-POL, 12 *septembre.* — Ici comme à Boulogne et à Béthune les chasseurs se plaignent de la lenteur apportée dans la délivrance des permis des ports-d'armes de chasse. Il en est qui ont remis leurs demandes à la sous-préfecture le 22 août et qui attendent encore le retour de ces permis d'Arras.

(*Propagateur du 14 septembre.*)

— Les chasseurs des quatre arrondissemens du Pas-de-Calais, Béthune, Boulogne, St.-Omer et St.-Pol, s'étaient amèrement plaints du retard apporté par la préfecture dans la délivrance de leurs permis de chasse, et le *Mémorial Artésien*, l'*Indicateur de Calais*, l'*Annotateur Boulonnais* et le *Propagateur* avaient reproduit leurs plaintes. Mais voici que le défenseur anonyme de M. de Talleyrand, dit qu'il faut s'en prendre à un peu plus bas qu'à M. le préfet, pour trouver les coupables des retards dont on se plaint? c'est donc aux sous-préfets? Le reproche tombe sur vous MM. Dacquin, de Normandie, Gengoult et Feburier. L'accepterez-vous?

Le chef de l'administration départementale est malheureux. A ses dénégations, nous avons eu jusqu'ici le bonheur de pouvoir répondre par des faits, et donner ainsi à nos reproches le caractère de la plus évidente vérité. Une nouvelle preuve de ce que nous avançons.

Le *Propagateur*, organe des plaintes de nombreux citoyens, avait attribué à l'administration départementale les retards inaccoutumés apportés dans la délivrance des permis de chasse. Un article, sorti des bureaux de la préfecture, fut immédiatement publié, qui fit clairement entendre que ces retards provenaient de MM. les sous-préfets.

Qui disait vrai?

Le *Propagateur* est allé de nouveau aux renseignemens, et il va prouver qu'on n'a réussi à disculper, un instant, le préfet, qu'en employant le mensonge et en faisant peser sur d'autres, que sur les vrais coupables, la négligence reprochée par nous à M. le baron de Talleyrand.

Quand les demandes de permis de chasse ont-elles adressées à la préfecture? Suivant les défenseurs officieux du préfet, ces « demandes ont été envoyées en masse, et peu de jours avant l'ouverture de la chasse. »

A qui doit-on attribuer le retard apporté à leur délivrance? Suivant l'article publié dans le *Courrier*, « il ne part pas des bureaux de la préfecture; il vient d'un peu plus bas. »

Ces deux allégations sont formelles; elles accusent MM. les sous-préfets. Que dira-t-on maintenant si nous prouvons que ces allégations ne sont que des mensonges; et qu'en se faissant justifier ainsi, au préjudice de fonctionnaires d'un rang inférieur, M. le baron de Talleyrand savait que ses défenseurs manquaient a la vérité?

Non! et nous défions qu'on vienne nous démentir. Non! les demandes de permis de chasse n'ont pas été envoyées en masse à la préfecture et comme on l'a dit, quelques jours seulement avant l'ouverture de la chasse. On en a reçu à la préfecture dans le courant de juillet. Un arrondissement a commencé ses envois le 5 août et un autre le 9 du même mois. Non! ces demandes n'ont pas été faites en masse. Elles sont arrivées par une, deux, cinq, vingt, au fur et à mesure que les chasseurs les avaient faites dans les bureaux des sous-préfectures. Depuis deux mois chaque courrier en apportait à la préfecture, et pendant les cinq ou six premières semaines aucun d'eux n'en rapporta aux sous-préfets. Un fait entre mille: le 23 août, plusieurs de ces demandes arrivèrent à M. le baron de Talleyrand, et le 10 septembre jour de l'ouverture de la chasse, le préfet ne les avait pas encore réexpédiées; et le 15 septembre, vingt-deux jours après leur renvoi, les chasseurs les attendaient encore; et pourtant on avait reçu à la préfecture deux lettres du sous-préfet qui les réclamaient. Ce ne fut que le 18 seulement, vingt-cinq jours après leur arrivée, que M. le baron de Talleyrand, apposa sa signature sur ces ports-d'armes, dont cent peuvent en moins d'une heure, être revêtus de toutes leurs formalités.

Ce sont là des faits patens, incontestables, et dont nous avons eu les preuves; ils justifient les sous-préfets et accusent hautement d'incurie ou de négligeance le premier administrateur du département. Les chasseurs se sont plaints, et ils ont eu raison; et le *Propagateur* a eu raison en publiant leurs plaintes; comme il aurait encore raison, s'il disait que la correspondance est en retard dans les mains de M. le préfet, et qu'on a vu des fonctionnaires publics venir à Arras, pour terminer des affaires qui auraient pu se traiter par correspondance s'il y eût eu un homme exact, actif, et laborieux, à la tête de l'administration.